LA VOIX

DE LA

FRANCE

PAR

AMÉDÉE GOUBET

Laboremus ! — Travaillons !

SÉVÈRE.

Relève-toi, France, reine du monde !
Tu vas cueillir tes lauriers les plus beaux.

BÉRANGER.

Prix : 1 Franc.

A Paris,
CHEZ GHIO, LIBRAIRE,
Palais Royal, 28.

En Province,
chez les
PRINCIPAUX LIBRAIRES

On trouvera la musique chez les principaux marchands.

1876

LA VOIX

DE LA

FRANCE

LA VOIX

DE LA

FRANCE

CHANTS PATRIOTIQUES ET NATIONAUX

PAR

AMÉDÉE GOUBET

Laboremus ! — Travaillons !

SÉVÈRE.

Relève toi, France, reine du monde !
Tu vas cueillir tes lauriers les plus beaux.

BÉRANGER.

<table>
<tr><td>A Paris,
CHEZ GHIO, LIBRAIRE,
Palais Royal, 28.</td><td>En Province,
chez les
PRINCIPAUX LIBRAIRES</td></tr>
</table>

On trouvera la musique chez les principaux marchands.

1876

UN AVEU

La femme est toute bonne ou toute mauvaise. Ce n'est pas moi qui l'ai dit ; c'est le jugement de l'humanité entière. C'est aussi le mien ; l'expérience m'a démontré suffisamment cette vérité.

Est-ce à dire que l'homme doit repousser la femme et la fuir comme un être dangereux ? Oh ! Non ! Qu'il s'en défie ! Ce serait là précisément son malheur.

Laissons à l'infortuné Musset le triste privilège de l'accabler du poids de son injuste ressentiment, lui qui, après s'être plu à susciter tout le fiel dont elle est capable et s'en être abreuvé, en a refusé le baume réparateur.

Nous devons, au contraire, nous réjouir qu'il en soit ainsi ; car, s'il est vrai que le bien suprême ne saurait exister sans le mal suprême — et tel est l'ordre irrévocable de la nature, — n'est-il pas heureux, — bien qu'à de rares exceptions la femme sache pousser la méchanceté jusqu'à l'extrême, — n'est-il pas heureux de la voir si souvent porter, avec un incomparable dévoûment, la bonté au-delà des limites que l'homme puisse jamais atteindre ?

Et, quelle plus ineffable ivresse que celle que procure un bienfait suprême après une douleur suprême?

Si les extrêmes se touchent, c'est bien ici : le bien et le mal, au lieu de se détruire en s'abordant, semblent se confondre, et produisent cette réaction qui est la plus grande somme de bien possible ici-bas.

La femme a donc, de plus que l'homme, une puissance réelle, incontestable ; voilà pourquoi elle est capable de le conduire jusqu'aux extrémités dans le bien, comme dans le mal, dans la joie, comme dans la douleur ; Or, comme il n'est de sages absolument parfaits que parmi ceux qui ont goûté à toutes les voluptés et qui en ont savouré toutes les douceurs et toutes les amertumes, il en résulte que la femme est l'instrument le plus sûr pour conduire l'homme à la vraie sagesse, au véritable bonheur.

Dieu avait dit à l'homme. « Tu régneras sur tout ce qui existe. » Le lendemain, l'homme, en cédant aux sollicitations de la femme, a abdiqué ses droits en sa faveur, et, dès lors, l'esprit de domination s'est retiré de lui. La femme est devenue la reine du genre humain qu'elle régit à sa guise, sans que le monde s'en aperçoive, sans qu'elle-même y prenne garde. L'homme n'a conservé que l'apparence de la royauté.

Les armes de la femme, son sceptre éternel, c'est l'affection, l'amour, cet attachement indestructible des créatures. Elle domine donc par le cœur; et le jour où l'homme se sera affranchi de cet empire indispensable, ce jour-là, l'amour s'effacera devant la brutalité et le monde rentrera dans le cahos de la barbarie.

La femme, c'est la civilisation, c'est le bonheur.

Tout ceci est dit à propos de ce livre. Je m'explique:

Si, comme à tout homme, il m'est arrivé, dans le cours de mon existence, de rencontrer de ces, malheureuses femmes, de ces reines déchues, avilies, qui sont la honte de l'humanité, j'ai pu rencontrer autour d'elles, et en bien plus grand nombre, de ces anges terrestres qui sont la gloire, l'honneur de leur sexe, et en même temps la plus grande consolation de l'homme.

Cette consolation divine, j'ai eu l'occasion d'en ressentir pleinement les effets depuis plusieurs années d'une affection qui, au plus bel âge de la vie, est venue briser ma carrière et me jeter dans la plus déplorable position.

Oui, j'ai eu, dans mon infortune, l'inappréciable avantage de rencontrer de ces femmes fidèles à leur mission, et dont je n'essaierai pas de décrire la bonté du cœur.

Que les inestimables dames A... G... P.... L....., C.... B.... R.... D....; ne me fassent pas un reproche de cette petite indiscrétion d'un cœur reconnaissant ; je n'ai pu résister au désir de les citer ici ; et le lecteur le comprendra quand il saura que c'est sur leurs instances et grâce à leur généreuse initiative que cet ouvrage, composé entre deux souffrances, a été livré à la publicité.

Quant à elles, je ne doute pas qu'elles me pardonnent cette liberté en pensant que, dans ces quelques lignes, tout en rendant un juste hommage à leur dévoûment bien supérieur en comparaison des moyens que la fortune trop avare semble leur disputer, j'ai voulu faire ressortir l'influence salutaire de la femme, et, en même temps, donner un exemple utile à toutes mes charmantes lectrices qui, en toute occasion, brûleront de leur ressembler, je n'en

doute pas. Elles me pardonneront, dis-je, quand elles ap-
prendront que cet aveu comprimé me chargeait le cœur
d'un poids plus lourd que ne pèse sur tout mon être cette
longue maladie contre laquelle elles feraient jusqu'à l'impossible.

Je ne saurais terminer sans adresser quelques mots de
reconnaissance à Mr J.-C. Pellegrini, niçois d'une bonté,
d'une affabilité vraiment remarquables, compositeur dis-
tingué et justement estimé.

C'est avec l'effusion la plus cordiale que je le remercie
de l'empressement tout sympathique avec lequel il a bien
voulu se charger de faire la musique des morceaux que
comporte cet ouvrage.

J'ai dit, je suis soulagé.

L'Auteur.

AVANT-PROPOS

Un peuple qui chante est un peuple heureux. Il marche à la liberté, quand il n'en jouit pas encore.

Tantôt, c'est un élan sublime de sérénité placide d'une âme libre, et qui a conscience de sa grandeur. Ecoutez !

> *Rule, Britannnia, rule the waves !*
> *Britons never shall be slaves !*
>
> Règne, o Albion, règne sur les mers !
> Les Anglais ne seront jamais esclaves !

Tantôt, c'est un enthousiasme frénétique à la splendeur d'un premier rayon de liberté, le matin d'un grand réveil. Ecoutez encore !

> Allons ! enfants de la patrie,
> Le jour de gloire est arrivé, etc....

Un peuple qui ne chante pas est à l'état d'esclavage ou près d'y tomber. Ecoutez toujours !....

Rien !... Plus rien ! Si ce n'est, parfois, de bien faibles aspirations vers un sort meilleur, les sourds gémissements de peuplades ignorantes et malheureuses, que la cruelle ambition des conquérants plonge tour-à-tour dans la plus affreuse misère ; Ou bien encore, la vague réminiscence d'une prospérité déchue et qui a fait place à l'anarchie, l'impuissance et la dégradation chez des nations dégénérées qui, finalement devenues sans énergie, sans courage et sans patriotisme, ne savent plus répondre à leurs oppresseurs que par un silence de mort !

D'autre part, on se rappelle comme les barbares eux-mêmes, dans leur fière indépendance, sentant le besoin irrésistible d'exprimer les divers sentiments de leur àme, poussaient des hourras et des cris sauvages, à défaut d'autre langage.

Enfin, et pour préciser davantage, quels peuples furent plus heureux que ceux qui vécurent au temps des Linus, des Orphée, des Apollon, des Homère, des Pindare, des Horace, etc..? Qui oserait contester, qui saurait appré-

cier le mérite de ces bienfaiteurs que l'Anti-
quité a déifiés, et dont le monde entier admirera
toujours les œuvres immortels, malgré les révolutions, malgré même les inévitables rava-
ges qui accompagnent le cours des siècles !

C'est la naïve et gracieuse idylle qui, par la
voix d'Orphée, civilisa la Grèce.

Plus tard, la charmante ballade, sur la lèvre
de nos bardes errants, contribua, pour une large
part, au progrès des générations modernes, en
chassant devant elle l'obscurantisme qui, trop
longtemps, pesa d'une main de fer sur le
moyen-âge; et il serait à souhaiter de retrouver
aujourd'hui, parmi la jeunesse de ce siècle de
vertigineuse folie, le souvenir de ces trouba-
dours à la vie douce, joyeuse, irréprochable.

De tout temps, la musique et la poésie furent
cultivées par les peuples civilisés comme un
besoin inhérent à leur prospérité ; et l'étude
seule de ces connaissances parmi eux suffi-
rait pour fixer notre jugement sur leur caractère, leurs mœurs, leur barbarie ou leur civilisation, leurs progrès ou leur relâchement, leur
grandeur ou leur décadence aux différentes
époques de leur existence.

En effet, on sait que la musique adoucit les mœurs et que la poésie élève l'âme.

Mais ces deux bienfaits si précieux, étant séparés, seraient incomplets. La chanson a le triple avantage de les réunir, de les faciliter et de semer le bonheur sur leur passage.

C'est elle qui, souvent, parvient à égayer l'oisiveté fastidieuse du riche.

Elle porte le bonheur au milieu de la médiocrité du pauvre et le délasse de ses labeurs.

Elle est, pour la jeunesse, un passe-temps par excellence, en occupant pleinement ses loisirs toujours dangereux à cet âge ; et, seule, elle a le pouvoir de venir, parfois, dérider le front soucieux du vieillard, au souvenir de son jeune âge et de ses beaux jours.

C'est elle, enfin, qui éveille et porte jusqu'à l'héroïsme ces sentiments divins et féconds en prodiges merveilleux, les sentiments d'union, de courage et de patriotisme.

L'hymne immortel de Rouget de l'Isle, qui peut passer pour un type de genre, nous en laisse une preuve saisissante et incontestable.

Aussi, toute les nations se sont créé des chants patriotiques et nationaux.

Sans parler de la France, la seule qui se soit

donné un nouveau de ces chants presque à toutes les époques mémorables de son histoire, et qui ait servi d'exemple à toutes les autres, nous rappellerons le *God save the queen* qui n'est qu'une traduction du français, et le *Rule Britannia*, en Angleterre ; l'*Ode à Kosciuzko*, en Pologne ; la *Dumka*, en Russie ; la célèbre marche de *Rôkotzky*, en Hongrie ; le chant de *Kœner* et de *Weber*, en Allemagne, et l'hymne national autrichien de *Haydn* ; *le Ranz des Vaches*, en Suisse ; le fameux chant de la *Brabançonne*, en Belgique, etc.

Et chez les anciens, outre ceux que nous avons mentionnés plus haut, qui n'a point entendu parler des Anacréon, des Bion, des Tyrtée, etc...? Qui ne connaît pas les fameux cantiques des Hébreux ; soit que, dans leurs ineffables transports d'allegresse, ils accompagnent à Sion, l'Arche-d'Alliance, en psalmodiant les merveilles du Dieu d'Israël, aux accords célestes de la harpe de David ; soit qu'à Ninive ou à Babylone, ils pleurent leur captivité à l'ombre des saules des bords du Tigre et de l'Euphrate ; soit qu'enfin, par la voix éplorée de Jérémie, ils gémissent sur le sort de la malheureuse Jérusalem ?

Notre désir, en publiant ce petit recueil, est d'entretenir dans le cœur de nos jeunes concitoyens ces nobles aspirations qui firent la gloire de nos pères, heureux et satisfait si, par ce moyen, nous avons pu, pour une faible part, contribuer au bonheur de notre chère Patrie.

Pour ce qui regarde notre persistance à chanter plus spécialement celui que ses vertus ont élevé au plus haut degré de fortune, et destiné à servir de modèle de courage, d'abnégation et de patriotisme aux générations futures, nous sommes complètement rassuré sur l'interprétation que les âmes élevées pourront faire du caractère de nos intentions, et nous ne saurions penser qu'un seul puisse ne pas applaudir à des éloges qui n'ont que le défaut d'être bien faibles, en comparaison des mérites de celui qui en est l'objet.

Mais il nous reste un doute quant aux personnes malheureusement nombreuses qui de l'adulation font leur Dieu ; et ce doute, nous voulons le rendre impossible en nous efforçant de leur communiquer toute notre haine pour ce hideux enfant de l'égoïsme.

La flatterie, esprit abject et déshonorant, n'a eu et n'aura jamais accès dans notre âme. Notre bonheur est de célébrer sans préférence et sans parti pris les précieuses qualités de ces mortels rares et privilégiés qu'on ne saurait assez glorifier pour le bien de tous ; ceux-là que le ciel présente aux peuples comme la Colonne de feu, comme l'Etoile de Bethléem, et qu'il est souvent nécessaire de faire ressortir par de vives images aux yeux d'une grande partie de la foule, dont les uns sont aveugles, les autres insouciants ou oublieux.

Nous sommes guidé uniquement par l'amour, l'amour de la Patrie, ce feu sacré qui fait les grands hommes et les grandes choses. Voilà pourquoi l'homme, quel qu'il soit, qui cherche avant tout la prospérité, le bonheur de la France, est pour nous l'égal d'un Dieu !

Nous l'aimerons, nous le vénérerons, nous l'exalterons de toutes nos forces et jusqu'au dernier souffle de notre chétive existence.

Telle est notre pensée, tel est le devoir que nous nous sommes imposé en composant *La Voix de la France.*

A. GOUBET.

LE CHANT DE L'AVENIR.

Musique de J.-César Pellegrini.

—

Alerte ! O magnanime France,
Toi qui souffrais depuis cent ans !
Voici venir ta récompense,
Fruits de tant d'efforts persistants.
Ah ! Si ta douleur fut profonde,
Le prix en doit être immortel ;
Et tu verras, reine du monde,
Les peuples gravir ton autel !

Français, au chemin de la gloire
Marchez, guidez les âges à venir !
Le progrès soit votre victoire !
C'est le bonheur, c'est l'avenir !

LE CHŒUR REPREND :

Français, au chemin de la gloire,
Marchons, guidons...

Toi qui versas tant de lumière
Parmi le monde stupéfait,
Tu veux, o merveilleuse terre,
Jouir enfin de ce bienfait.
C'est alors, dans ces jours propices,
Que chanteront tes fils heureux:
La France est un lieu de délices,
Comme on n'en retrouve qu'aux cieux !

Français, au chemin de la gloire,
Marchez ! etc.

Sous l'étendard de la Patrie
Les partis confondent leurs rangs ;
Ils ont compris, mère chérie,
Que tu ne veux plus de tyrans.
L'ère du désordre est passée ;
Tourne ton regard plein d'éclairs
Aux vastes champs de la pensée ;
Là, tu dois vaincre l'Univers !

Français, au chemin de la gloire,
Marchez ! etc.

Aux luttes de l'intelligence,
Si quelqu'un, jaloux de ton sort,
Osait défier ta puissance,
Armé de l'instrument de mort,
Tu saurais par un coup terrible
Le punir de l'impiété,
Car le courage est invincible,
Qui combat sous la liberté.

Français, au chemin de la gloire,
Marchez ! etc.

Mais, chasse loin de toi ce rêve ;
La paix doit fleurir sous tes pas.
Déjà le monde entier se lève
Pour t'offrir son or et ses bras.
Bientôt, vaincu par ta sagesse,
Il va se soumettre à tes lois ;
Tu retrouveras pleins d'ivresse
Tes fils séparés autrefois.

Français, au chemin de la gloire,
Marchez ! etc.

Par toi les hommes de génie
Vont surgir transportés d'ardeur
De te consacrer à l'envie
Leur existence et leur bonheur.
Debout, Solons et Démosthènes,
Galiens, Archimèdes, debout !
Et toi qu'aux horizons lointaines,
On voit déjà dominer tout !

Français, au chemin de la gloire
Marchez, guidez les âges à venir !
Le progrès soit votre victoire !
C'est le bonheur, c'est l'avenir !

LA PATRIE.

Musique de J.-César Pellegrini.

—

La Patrie, au jour de naissance,
Dans ses bras te reçut en pleurs ;
Près d'elle a grandi ton enfance
Dans la joie et dans les douleurs.
Elle protège avec tendresse
Ceux pour qui sont tes plus chers vœux,
Et son ombre veille sans cesse
Sur les tombeaux de tes aïeux.

La Patrie ! Enfant de la France,
Songe ! Tu lui dois en tout lieu
Ta force et ton intelligence,
Comme ton âme à Dieu !

La Patrie au fond de ton âme
Allume pour l'éternité
Ce foyer sacré qui t'enflamme
Du désir de sa liberté ;
Car c'est là que ta tendre mère
T'a donné, conservé le jour ;
C'est cette merveilleuse terre,
Où naquit ton premier amour !

La Patrie ! Enfant de la France,
Songe ! etc.

Ses bienfaits pour toi sont immenses !
Elle t'entoure de soutiens
Et d'indicibles jouissances,
Comme elle a fait à tous les tiens.
Sa main avec mansuétude
Vers le bien dirige tes pas.
Il n'est point de sollicitude,
Dont elle n'accable tes pas.

La Patrie ! Enfant de la France,
Songe ! etc.

Par elle la jeunesse avide
Marche gaîment vers l'avenir,
Et l'heureux vieillard se déride
En rappelant son souvenir.
Elle est une constante mère
Au pauvre orphelin consolé ;
Son nom sur la rive étrangère
Soutient l'espoir de l'exilé.

La Patrie ! Enfant de la France,
Songe ! etc.

D'elle vient l'attache profonde
Qui rend la terre égale aux cieux
Sans elle tu serais au monde
Errant, proscrit et malheureux !
Elle comble de ses largesses
Ses fils même les plus ingrats,
Et l'étranger, pour ses caresses,
Heureux, lui consacre ses bras.

La Patrie ! Enfant de la France,
Songe ! etc.

C'est par sa bienfaisance extrême
Qu'elle s'attache tous les cœurs ;
Près d'elle la souffrance même
Semble se changer en douceurs.
Le Lapon, sur ses mers de glace,
Le Caffre, sous des cieux brûlants
Pour elle méprisent l'espace,
Où règne un éternel printemps.

La Patrie ! Enfant de la France,
Songe ! Tu lui dois en tout lieu
Ta force èt ton intelligence,
Comme ton âme à Dieu !

HIER, AUJOURD'HUI, DEMAIN !

Musique de J.-César Pellegrini.

—

Oui, l'on dira qu'un jour de sa Patrie
Il fut l'honneur dans la guerre et la paix,
Et qu'il a su, gloire digne d'envie,
  Unir à jamais les Français !

A son nom seul sont frappés d'épouvante
Les ennemis de la société,
Car ses vertus que le courage enfante,
En font pour eux un juge redouté.
Il sut dompter la terrible folie
Qui mit la France aux portes du tombeau,
Et terrassa le spectre d'anarchie
Qui menaçait notre noble drapeau.

Il sut placer, ô sage préférence !

Les lois avant la force des partis,

Et préféra le bonheur de la France

A leurs honneurs, dont le sang est le prix.

Il a compris que la paix ne réside

Que dans l'amour et le respect des lois,

Et que les lois sont notre plus sûr guide,

Quand elles sont l'appui de tous nos droits.

Il fut, jadis, notre plus pure gloire

Que seul, un jour, il soutint de son bras ;

Mais, aujourd'hui, pour une autre victoire,

Il nous conduit à de plus beaux combats.

Le cœur saignant des horreurs de la guerre,

Il a laissé le glaive destructeur,

Et ne veut plus que l'arme moins sévère

De liberté, d'ordre réparateur.

Les vrais Français s'empressent de le suivre

Dans ce sentier des plus féconds succès,

Et, par lui, tous voient qu'il est doux de vivre

Sous l'étendard paisible du progrès.

Cher au présent qui bénit sa sagesse,

Il doit paraître aux yeux de l'avenir,

Comme on a vu ces astres d'allégresse

Laissant au monde un constant souvenir.

Sous son regard la France calme et fière
Ferme la route aux révolutions,
Et, poursuivant sa sublime carrière,
Au vrai bonheur conduit les nations.
Elle s'avance à la terre promise
D'un pas certain, prudent et gradué ;
Et si, vraiment, Thiers fut notre Moïse,
Dans Mac-Mahon nous trouvons Josué.

Oui, l'on dira qu'un jour de sa Patrie
Il fut l'honneur dans la guerre et la paix,
Et qu'il a su, gloire digne d'envie,
Unir à jamais les Français !

LA VALEUR

Musique de J.-César Pellegrini ;

Air de : *Hier, aujourd'hui, demain.*

—

Honneur et gloire au vaillant capitaine !
Amis, chantons, publions ses exploits.
A son aspect, quand sa valeur l'entraîne,
  La mort même n'a plus de lois !

Te souviens-tu, répétait un zouave
Au vieux chasseur instruisant ses enfants,
Lorsque, conduits par un chef jeune et brave,
Nous promenions nos drapeaux triomphants ?
C'était au temps de nos beaux jours d'Afrique,
Et Mac-Mahon, par sa noble valeur,
Chez l'ennemi répandait la panique,
Car son nom seul les frappait de terreur.

Le monde entier admirait notre gloire ;
Nos fronts étaient verts de lauriers nouveaux ;
Alors, toujours docile la victoire
Venait chercher abri sous nos drapeaux.
Nous poursuivions le Marocain agile ;
Nous soumettions le Bédouin révolté,
Et nous forcions l'indomptable Kabyle
A se soumettre à notre volonté.

Sous Mac-Mahon à l'exemple héroïque
Nous méprisions les plus grandes chaleurs ;
Electrisés par son regard magique,
Nous franchissions les plus âpres hauteurs ;
Puis, quand venait le jour de la bataille,
Chacun de nous le suivait au milieu,
Et l'ennemi redoutant la mitraille
Fuyait au loin devant le Dieu du feu.

En ces beaux jours notre gloire était pure,
Et l'étranger respectait notre nom.
Notre drapeau n'avait point de souillure,
Et l'on tremblait devant notre canon :
Nous n'avions point encor de la défaite,
Dans notre orgueil, senti le fiel amer,
Et l'ennemi jamais, dans la retraite,
Ne nous avait poursuivis de son fer.

Ami, ce temps de si douce mémoire'
Doit aujourd'hui rendre plus gais nos jours :
A nos enfants redisons en l'histoire ;
Pour leur bonheur répétons-la toujours.
Mais disons-leur, si notre belle France
A dû gémir sous le poids de l'erreur,
Que Mac-Mahon lui rendit l'espérance
Par la valeur, la justice et l'honneur.

Honneur et gloire au vaillant capitaine !
Amis, chantons, publions ses exploits ;
A son aspect, quand sa valeur l'entraîne,
La mort même n'a plus de lois !

LES ORPHELINS DE LA GRAND'MÈRE

Musique de J.-César Pellegrini.

—

Vous étiez encor bien petits,
Lorsque, loin de cette chaumière,
    Pour la terrible guerre
    Vos pères sont partis.
C'était dans des jours de froidure,
Comme aujourd'hui, je m'en souviens,
    Vos uniques soutiens,
    Dans une nuit obscure,
Là, mes chers enfants, près du feu,
    En aiguisant leurs armes
    Versèrent bien des larmes,
Et puis, ils vous dirent adieu !...

LES ENFANTS :

Ah ! qu'ont-ils dit, mère chérie ?

LA GRAND'MÈRE :

Ils ont dit, mes chers enfants,
Qu'en tout temps,
Plus que sa vie,
Il faut aimer sa Patrie !

LES ENFANTS EN CHOEUR :

Ah ! répétez, mère chérie,
Qu'ils ont dit : mes chers enfants, etc.

Et tandis que là-bas ! là-bas !
Vaillamment combattaient vos pères,
Ici, vos pauvres mères
Expiraient dans mes bras !
Oh ! ce fut une heure bien dure,
Quand les étrangers inhumains
Ont, jusque dans leurs mains,
Pris votre nourriture !
Quand vos mères pleines d'effroi,
Pour sauver votre enfance
Périrent d'abstinence,
En vous recommandant à moi !

LES ENFANTS :

Qu'ont-elles dit, mère chérie ?

LA MÈRE :

Elles ont dit, mes enfants,
   Qu'en tout temps,
   Plus que sa vie,
   Il faut aimer sa Patrie !

LES ENFANTS EN CHOEUR :

Ah ! répétez, mère chérie,
Qu'elles ont dit : mes enfants,
   En tout temps, etc.

Mais, ô terrible souvenir .
Vos pères avaient, pour la guerre,
   Quitté cette chaumière,
   Pour n'y plus revenir !
Ah ! cette épreuve fut cruelle ! ..
Sans horreur je n'y puis penser ! ..
   Quand on vint m'annoncer
   La terrible nouvelle
Qu'hélas ! ils avaient tous péri,
   Broyés par la mitraille,
   Sur le champ de bataille,
Poussant ensemble un même cri ! ..

Les enfants :

Ah ! qu'ont-ils dit, mère chérie ?

La grand'mère :

Ils on dit, mes chers enfants,
Qu'en tout temps,
Plus que sa vie ,
Il faut aimer sa Patrie !

Les enfants en chœur :

Ah ! répétez, mère chérie
Qu'ils ont dit : mes chers enfants,
En tout temps,
Plus que sa vie,
Il faut aimer sa Patrie !

L'INTRÉPIDITÉ

Musique de J.-César Pellegrini ;

Air de : *Hier, aujourd'hui demain.*

—

Soldat, sois fier du guerrier qui te guide !
Si l'étranger menace ton repos,
Arme ton bras d'un courage intrépide ;
De Malakoff suis le héros.

Quand, pour sauver l'honneur de la Turquie,
Pour soutenir la justice et le droit,
Nous combattions loin de notre Patrie,
A l'ennemi vint s'ajouter le froid.
Comme autrefois on vit la grande armée,
L'hiver glaçait les plus vaillants guerriers ;
Mais, plus heureux, à notre renommée
Nous avons joint de glorieux lauriers.

Bien des heros aux armes redoutables
Etaient en vain tombés au champ d'honneur ;
De l'ennemi les feux épouvantables
Faisaient chez nous des vides pleins d'horreur,
Et de nos chefs l'intrépide courage
Semblait faillir aux tours de Malakoff,
Quand Mac-Mahon sut affronter l'orage,
S'en rendre maître et nous revenir sauf !

Plein de magie en l'ardeur qui l'embrase,
De ses soldats il a fait des héros,
Mais l'ennemi de ses masses l'écrase,
Avec fureur déchirant ses drapeaux.
Ses fiers guerriers partout jonchent la plaine,
Et l'ennemi redouble son effort ;
Mais lui, debout, resté seul dans l'arène,
Semble narguer et défier la mort.

« Ah ! général, lui dit, rempli de crainte,
Un vieux guerrier qui lui portait secours,
Au champ d'honneur votre armée est éteinte ;
Quittons ces lieux funestes pour vos jours ! »
Notre héros altéré de vengeance
Pour ses soldats tombés, le regarda,
Et, de sang froid, lui dit, dans sa constance,
« J'y suis, j'y reste ! » et l'ennemi céda !

Soldat, sois fier du guerrier qui te guide !
Si l'étranger menace ton repos,
Arme ton bras d'un courage intrépide ;
De Malakoff suis le héros.

———

L'ANGE REDOUTABLE

Musique de J.-César Pellegrini.

—

Un sombre orage aux flancs de la montagne
Accumulait des flots prodigieux,
Et l'ouragan que la mort accompagne,
Creusait, chassait des torrents furieux.
D'impurs esprits s'excitant à la rage
Se disputaient la puissance des airs,
Et le tonnerre animait le nuage
Que déchiraient de lugubres éclairs !

Mais une femme au cœur inépuisable
Court au drapeau de la fraternité,
Et, sur les pas de l'ange redoutable,
Le fléau fuit épouvanté !

Au même instant, parmi les précipices
De ces torrents la rage se confond ;
Ils ont uni leurs forces destructrices,
Et d'un seul bond roulent aux pieds du mont.
Là, s'arrêtant comme pour prendre haleine.
Le nouveau fleuve aiguise sa fureur.
Puis, tout-à-coup, s'élance dans la plaine,
Jetant partout l'épouvante et l'horreur !

Il va, semant la mort et le carnage,
Anéantit les plus riches moissons.
Et, poursuivant le cours de son ravage,
Traîne avec lui les arbres les maisons :
Partout l'on voit, sur ses ondes terribles,
De grands troupeaux luttant avec effort
Et l'on entend les angoisses pénibles
Des malheureux qui repoussent la mort !

Mais, vers Toulouse il tourne sa colère.
Tranquille au sein d'un perfide repos,
En un instant, la ville tout entière
A disparu sous l'abîme des eaux !
O jour affreux ! dont le fer ni la flamme
N'ont pu jamais égaler les tourments !
Oui, tu fus beau, car tu laissas dans l'âme
Le souvenir de tant de dévoûments !

C'est là qu'on vit, sacrifiant leur vie,
La mère au fils, le fils à tous les siens !
Que tant de Jobs par Satan en furie,
Sans murmurer, ont vu périr leurs biens !
C'est en ce lieu que soixante victimes
Dûrent la vie au courage de Lô !
C'est là qu'on vit dans leurs élans sublimes
Rouëllerie, Hautpoul, Peragallo !

Mais Mac-Mahon, en ces lieux de souffrance
Où l'on a vu briller tant de vertus,
Sitôt accourt apporter l'espérance
Et relever les esprits abattus ;
Et, là, tourné vers la triste compagne,
La mort dans l'âme en voyant tant d'horreur,
Le descendant de Jean Deux de Bretagne
Est accablé d'une amère douleur !

Tandis qu'il cherche, à ce fléau terrible,
Un prompt remède en sa brûlante ardeur,
Sa noble épouse, ô bonheur indicible !
De charité sent tressaillir son cœur !
La fille de Ferdinand de Castille,
Le rejeton du grand roi Saint-Louis
A découvert dans sa foi qui pétille,
Un large plan qui sauve ce pays !

Et cette femme au cœur inépuisable
Court au drapeau de la fraternité,
Et, sur les pas de l'ange redoutable,
Le fléau fuit épouvanté !

LA SÉPARATION.

Musique de J.-César Pellegrini.

—

Je te vois transporté d'envie,
Au passage de nos soldats,
De courir parmi les combats
    Défendre ta Patrie.
Ah ! Comme toi je sens mon cœur
Saisi d'une divine ardeur.
    Mais, ô justes alarmes !
Au bout de ces luisantes armes,
Vois-tu, j'ai vu briller des larmes,
    Des larmes de sang !
    O mon enfant,
    Ecoute ma prière !
Reste ! Reste ! Ne t'en vas pas !..
Ah ! Ne sais-tu point que la guerre
Fut ma douleur, fut le trépas
    De ton pauvre père !
Edouard ! Oh ! Ne me quitte pas !

Devant celui qui nous opprime
Braver la mort avec mépris ;
Verser son sang pour son pays,
C'est un acte sublime !
Mais après… O funeste sort !
C'est la détresse, où c'est la mort !…
Qu'à jamais, sur la terre,
Les cruels auteurs de la guerre
En souffrent toute la misère !
Oui, qu'ils soient maudits !
Eh ! Quoi ! Mon fils,
T'ai-je donné la vie,
Hélas ! Pour que dans ton trépas
Ils assouvissent leur envie !
Tu m'appartiens ! Ah ! dans mes bras
Reste, je t'en prie !…
Edouard ! Tu ne me réponds pas !?..

Sur ton magnanime visage,
O ciel ! Je vois couler tes pleurs !
Je vois combattre tes douleurs,
Et grandir ton courage.
Je le sens, tu veux me quitter ;
Et rien ne saurait t'arrêter !…

Mais, qu'entends-je?! O merveille!
Quelle voix frappe mon oreille,
A la foudre de Dieu pareille?!..
Ah ! C'est le canon !
Ce noble son
Qui t'annonce la lice,
Là-bas, te réclame aux combats !
Voici l'heure de la justice !
O mon enfant, ne reste pas !
Cours au sacrifice,
Edouard ! Dieu veille sur tes pas !

LA GLOIRE

Musique de J.-César Pellegrini ;

Air de : *Hier, aujourd'hui, demain.*

—

Si tu doutais du sort de ta Patrie,
Soldat qu'en pleurs hier elle enfanta,
Rappelle-toi des plaines d'Italie,
Et souviens-toi de Magenta !

Pour soutenir la fière indépendance
De l'Italie à jamais notre sœur,
Dit un zouave au mobile en défense,
La France, un jour, sentit bondir son cœur,
Et tout remplis, d'un courage intrépide,
En un instant nous gravîmes le mont :
Sous nos drapeaux la victoire rapide
Cherchait abri dans les champs du Piémont.

Notre ennemi fuyait à notre vue,
Et nous marchions sur ses traces joyeux,
Quand, tout-à-coup, d'une attaque imprévue
Il sut tromper nos pas victorieux.
A Magenta la fureur et le nombre
Avaient surpris nos frères égarés ;
Sur leur drapeau planait un brouillard sombre ;
Ils se voyaient d'ennemis entourés.

Nous nous trouvions loin du champ de bataille ;
Nous entendions à peine le canon,
Et notre chef, amant de la mitraille,
Cherchait en vain d'où parvenait le son.
Son cœur battait ; il respirait la poudre,
Et de ses yeux s'échappaient des éclairs.
Soudain, il part aussi prompt que la foudre ;
Nous le suivons, comme en fendant les airs.

Tout épuisés par l'immense distance,
Nous arrivons en face du vainqueur :
Nos frères, tous, dans leur noble défense,
Etaient tombés, là, sur le champ d'honneur.
Nous nous lançons pleins d'ardeur sur la route
Du grand héros au si digne renom,
Et l'ennemi vaincu fuit en déroute,
Grâce à l'élan fougueux de Mac-Mahon.

Si tu doutais du sort de ta Patrie,
Soldat qu'en pleurs hier elle enfanta,
Rappelle-toi les plaines d'Italie,
Et souviens-toi de Magenta !

————

LA DERNIÈRE VICTIME

Musique de J.-César Pellegrini.

—

Un vent fatal sur la neige glacée
Vers nous poussait un aigle destructeur ;
La France était sanglante et terrassée,
Et gémissait sous les pieds du vainqueur.
A son secours déjà mon pauvre frère
Avait trouvé la mort sous les drapeaux.
Qu'il était fier, le jour où notre père,
En l'embrassant, avec lui dit ces mots :

Dieu de Clémence,
Garde la France
Des mauvais jours,
Et protège-la toujours !

L'affreuse guerre avait soif de victimes,
Et l'ennemi, de son pied de géant,
De toutes parts creusait de noirs abîmes,
En n'y semant que douleur et néant !
Partout la mort et de longs cris d'alarmes !
Mon pauvre père, alors, me bénissant,
Et sur mon front versant de grosses larmes,
Me laissa seule et partit en disant :

Dieu de Clémence, etc.

Un jour, hélas ! jour de douleur immense !
De tous côtés, soudain, le bruit accourt
Que l'ennemi plein de fureur s'avance,
Jetant l'effroi dans les champs d'Héricourt !
O Ciel ! J'entends encor gronder l'orage !
C'est là ! C'est là ! que je revis mourant
Mon père au sein d'un horrible carnage !
Et répétant sans cesse en expirant :

Dieu de Clémence, etc.,

La pauvre enfant, à ces mots, rendit l'âme !...
O guerre ! guerre ! objet de tant d'horreur !
Qui ne produis, avec ta gloire infâme,
Que le néant, le carnage et les pleurs,
Jusques à quand feras-tu des victimes ?
Jusques à quand des hommes, sans pitié,
Pour leur plaisir, égorgeront, sans crimes,
Des peuples que doit unir l'amitié ?

Dieu de Clémence,
Garde la France
Des mauvais jours,
Et protège-la toujours !

———

L'HONNEUR

Musique de J.-César Pellegrini ;

Air de : *Hier, aujourd'hui, demain.*

—

C'est en ce jour, qu'au milieu de l'orage
Nous l'avons vu terrible comme un Dieu !
Et que son œil, qu'allumait son courage,
Jetait des éclairs en tout lieu !

Te souviens-tu du jour où notre gloire
Semblait pâlir devant un dur vainqueur ?
Lorsque de nous s'éloigna la victoire,
Et que la France à connu le malheur ?
Remplis d'ardeur et de noble constance,
Pour elle, en vain, nous bravions le danger :
Depuis longtemps, la perte de la France
Etait gravée au cœur de l'étranger.

A Reischoffen, des nations avides
De nos lauriers comme de nos trésors,
Ont défié nos soldats intrépides
Plus de vingt fois moins nombreux qu'eux alors.
Mais Mac-Mahon qui méprise le nombre,
Quand il s'agit d'aller aux ennemis,
Osa marcher seul contre l'aigle sombre
De tous ces rois contre lui réunis !

Ce fut alors une lutte incroyable !
Le fer broyait nos rares bataillons ;
Les ennemis de leur masse innombrable
Nous entouraient dans d'épais tourbillons.
Désespérant du gain de la bataille,
Nos défenseurs, dans ces champs plein d'horreur,
Se faisaient tous hacher par la mitraille,
Voulant au moins sauvegarder l'honneur.

Dans ce moment d'indicible détresse
Notre héros lutte comme un soldat.
Trois fois sous lui son fier coursier s'affaisse,
Trois fois plus prompt il retourne au combat.
En vain le sort le force à la retraite ;
En vain les siens cherchent à l'entraîner ;
Il a juré que, malgré sa défaite,
Les ennemis auront lieu de pleurer !

Chacun de nous, au milieu de la lutte,
Sur ses pas vole en valeureux français.
Il n'est aucun danger qui le rebute ;
Seul il combat dans des brouillards épais.
Laissant, enfin, la fortune rebelle
Il la confie à ses nobles guerriers ;
Et l'on connaît cette gloire immortelle
Qui couronna les vaillants cuirassiers.

C'est en ce jour, qu'au milieu de l'orage
Nous l'avons vu terrible comme un Dieu !
Et que son œil, qu'allumait son courage,
Jetait des éclairs en tout lieu t

LE LION DE BELFORT

Musique de J.-César Pellegrini.

—

Puissant Lion, héros paisible,
Dont le regard fier et terrible
Fixe la plaine au tour de toi,
Comme ferait du trône un roi,
Oh ! que fais-tu là-haut, dis-moi ?
Qui fait dresser cette crinière,
Et d'où te vient cet air sévère ?
A-t-on blessé ton bras puissant ?
Et, pour venger un jour ton sang,
Attends-tu là l'heureux instant ?

Mais, qu'entends-je ? quelqu'un soupire !
Est-ce ta voix
Qui vient, parfois,
Me transporter d'un saint délire ?
Et qui pour moi
S'emble redire:
O France ! écoute ! et souviens-toi !

Le front couvert d'honneur, de gloire,
Veux-tu qu'enfin ta noble histoire
Finisse ? Et, las de tes succès,
Vas-tu là-haut, dis, pour jamais,
Sous tes lauriers, dormir en paix ?
Non, tu n'est pas là pour te taire
Car, tout en pleurs, un jour, ta mère
T'à mis là pour que ton abord
Enseigne à tous comment au sort
Ne pas céder, fils de Belfort !

Mais, etc...

Oui, tu redis aux fils de France
Combien, jadis, pour sa défense
Tu dus livrer de durs combats,
Et que devant l'affreux trépas
Toi seul n'as point fléchi le pas !
Héros d'ardeur et de constance,
Qui nous instruis par ton silence,
Si l'un de nous au sein des ris
Oublie un jour ton sage avis,
O fier Lion, alors, **rugis** !!

Mais, qu'entends-je ? quelqu'un soupire !
Est-ce ta voix
Qui vient, parfois,
Me transporter d'un saint délire ?
Et qui pour moi
Semble redire :
O France ! écoute ! et souviens-toi !

LA BRAVOURE

Musique de J.-César Pellegrini.

Air de : *Hier, aujourd'hui, demain.*

—

En ce jour même il se couvrit de gloire !
Si le Destin surmonta sa valeur,
Il lui laissa l'immortelle mémoire ;
D'un vainqueur que grandit l'honneur !

Mac-Mahon va tenter l'effort sublime !
Déjà l'orage autour de lui s'étend.
D'un regard sec il mesure l'abîme,
Calme devant le danger qui l'attend.
Abandonné dans une impasse extrême,
N'ayant plus foi dans de tardifs secours,
Il va livrer la bataille suprême,
Sortir vainqueur ou voir finir ses jours,

Comme en Afrique, en Autriche, en Crimée,
Il a choisi le poste périlleux.
De son passé son âme est enflammée ;
Il songe au jour de ses faits glorieux !
De Reischoffen part un cri de vengeance
Qui de fureur remplit ses bataillons.
Que peut, hélas ! leur terrible constance
Contre l'effort de tant de Nations !

Bazeille, en vain, flambe dans le carnage
Et ses enfants déchirent l'ennemi,
Nos fiers guerriers sont transportés de rage,
Et l'étranger de stupeur a frémi !
De toutes parts des masses innombrables
Vont étouffer nos vaillants défenseurs.
De leurs canons les feux épouvantables
Font dans nos rangs les plus noires horreurs !

Mais Mac-Mahon aux élans intrépides
Sentant soudain la victoire le fuir,
« Je veux, dit-il, à leurs princes timides
Montrer comment un Vaincu sait mourir ! »
Puis, il s'élance au milieu du carnage ;
Il tombe, hélas ! frappé par un obus,
Et l'étranger, admirant ce courage,
Chante victoire, exaltant les vaincus !

En ce jour méme il se couvrit de gloire !
Si le Destin surmonta sa valeur,
Il lui laissa l'immortelle mémoire ;
D'un vainqueur que grandit l'honneur !

LE DEVOIR

Musique de J.-César Pellegrini ;

Air de : *L'Ange Redoutable.*

—

Mais Mac-Mahon, notre extrême Espérance,
Ferme au devoir, et respecté de tous,
Rendra l'honneur aux armes de la France
En brisant les partis jaloux.

Console-toi, France, ô noble Patrie !
Sèche tes pleurs ! car le vaillant héros,
Dont la mitraille a respecté la vie,
Va t'arracher aux gouffres du cahos.
En vain, joyeux, sur ta face sanglante
Rampe un vampire émané des enfers,
Et, pour rouvrir ta blessure saignante,
Appelle à lui les monstres d'Univers.

Déjà Paris de ces démons regorge,
Qu'a fait surgir une contraire ardeur ;
Leur flot hideux sur la France dégorge
De leur noir fiel le venin corrupteur.
De tous les cœurs part un long cri d'alarme,
Et l'étranger qui les croit aboutir,
Rit en voyant notre pays sans arme
Et de ses mains propres s'anéantir !

Lors le guerrier, dont le cœur saigne encore,
De ses soldats rassemble les débris,
Et, de l'ardeur qui toujours le dévore,
Marche au devant de ces monstres surpris.
Mais son audace à centuplé leur rage,
Et, sans espoir, de deshonneur flétris,
Jetant partout l'horreur sur leur passage,
Ils ont juré de détruire Paris.

Lâches, cruels et craignant pour leur vie,
Devant la force obligés de plier,
Ils vont semant le meurtre et l'incendie,
Et de Paris font un vaste foyer !
Trois jours durant ce n'est plus que carnage !
Enfin, le monstre en son antre est bravé ;
Du preux Bayard l'emporte le courage ;
Paris respire, et le monde est sauvé !

Et Mac-Mahon notre extrême Espérance,
Ferme au devoir et respecté de tous,
Rendit l'honneur aux armes de la France
En brisant les partis jaloux.

AVANCE, O NOBLE FRANCE !

Musique de J.-César Pellegrini.

—

Avance ! Avance ! ô noble France !
Là-bas, à l'horizon nouveau,
Sourit à ta sage constance
    Un avenir plus beau !

L'orage s'éloigne avec peine
De ton ciel longtemps obscurci ;
Parfois, opprimant ton haleine,
Sur ton front paraît un souci ;
Mais le calme toujours s'avance
Après l'ouragan, tu le sais ;
Et le cœur rempli d'espérance
Tu vas au bonheur dans la paix :

Non ! aucune main sacrilège
N'oserait se poser sur toi,
Car l'homme d'honneur te protège
De sa loyauté, de sa foi.
Exalte et chéris sa mémoire ;
Marche sans crainte sur ses pas ;
Pour ton avenir, pour ta gloire
Dieu sut l'arracher au trépas.

Non ! ta douce et brillante étoile
Ne saurait perdre sa splendeur,
Et du passé le sombre voile
Ne doit plus attrister ton cœur ;
Non ! non ! la lumière du monde
Ne doit pas s'éteindre sitôt.
Déjà ta tête jeune et blonde
Ose apparaître le front haut !

Alerte ! Alerte ! ô ma Patrie,
Car tes beaux jours vont revenir.
A l'œuvre donc, France chérie,
Vers toi s'avance l'avenir !
Rien ne peut arrêter ta marche,
Ni s'opposer à ton ardeur ;
Du progrès remonte sur l'arche
Ton guide et ton libérateur.

O France , lorsque tu contemples
De tes fils les nombreux bienfaits,
Admire ces nobles exemples
De sa sagesse et ses hauts faits.
Pour ton bonheur, sur cette terre,
Fut et sera son seul désir ;
Pour toi sa dernière prière,
Et pour toi son dernier soupir !

Avance ! Avance ! ô noble France.
Là-bas, à l'horizon nouveau,
Sourit à ta sage constance
Un avenir plus beau !

LA VIE A TOUS

Musique de J.-César Pellegrini;

Air de : *L'Ange Redoutable.*

—

Respect, honneur à notre protectrice !
Jamais, jamais on ne l'implore en vain !
Elle est la vie et la consolatrice
Du pauvre qui bénit sa main.

Si Mac-Mahon du danger nous préserve
Et si sa foi nous promet le repos,
L'épouse aussi que le ciel lui conserve
Par sa bonté vient adoucir nos maux.
Chacun de nous sait sa sollicitude
Pour l'infortune et ses nombreux secours.
Elle a bien droit à notre gratitude ;
Que Dieu bénisse et prolonge ses jours.

Un jour la faim à la face hideuse
Semblait vouloir dominer dans Paris,
Et d'indigents la foule malheureuse
Devant sa faulx reculait à grands cris.
Déjà l'hiver à l'haleine glacée
Couvrait leurs fronts d'une verte pâleur,
Et l'infortune au foyer délaissée
Gisait sans pain, en proie à la douleur.

Nul n'a songé d'alléger la misère
Qui fait horreur chez le pauvre honteux.
Bientôt la mort va fermer sa paupière ;
Il se débat contre un délire affreux.
Auprès de lui sa compagne pâlie
De ses baisers veut réchauffer sa main,
Et ses enfants, d'une voix affaiblie,
A son oreille, en vain, s'écrient : « j'ai faim ! »

De Mac-Mahon l'épouse glorieuse
Veut faire face aux ennemis nouveaux.
Grâce à son or, à sa main généreuse
On voit partout surgir des hauts-fourneaux.
Le malheureux retrouve l'espérance ;
De ses haillons il jette les restants,
Et voit, enfin, s'éloigner l'indigence :
Sur une couche il repose content.

Vois-tu cet homme au souriant visage ?
Hier encor la faim minait ses jours.
Aujourd'hui, tout est gai sur son passage,
Car le travail a repris pour toujours.
Le riche y voit grandir son opulence ;
L'humble artisan chante en son atelier ;
Et l'Avenir sourit à notre France
Grâce à la Dame, à l'illustre guerrier.

Respect, honneur à notre protectrice !
Jamais, jamais on ne l'implore en vain !
Elle est la vie et la consolatrice
Du pauvre qui bénit sa main.

L'ORPHELINE EXILÉE

Musique de J.-César Pellegrini ;

Air de ; *Avance ô Noble France.*

—

Alsacienne, enfant de la France,
Victime des malheurs passés,
Sous nos toits grandit ton enfance,
Près de tes frères dispersés.
Ton front candide semble dire
Que tu vis dans la paix du cœur,
Ton paisible et tendre sourire
Vient me prédire ton bonheur.

Enfant, dans le cours de ta vie,
Toujours, dans le bonheur surtout,
Ressouviens-toi de la Patrie,
O toi qui lui dois tout !

Pourtant, d'autrefois la pensée
Réveille parfois les douleurs
De ton âme encore oppressée,
Et tes yeux se voilent de pleurs.
Tu revois en feu ta chaumière,
Les champs, où les tiens dorment tous ;
Tu revois ta mourante mère,
Ton père expirant sous leurs coups !

Mais, chez toi la douce espérance,
A grandi comme les hivers ;
Tu nourris la ferme assurance
De revoir ces lieux toujours chers.
Là, quand Dieu t'aura couronnée,
Un jour, d'enfants blonds et joyeux,
Rappelle-leur la destinée,
Les souffrances de tes aïeux !

Enfant, dans le cours de ta vie,
Toujours, dons le bonheur surtout,
Ressouviens-toi de la Patrie,
  O toi qui lui dois tout !

SOYONS UNIS !

Musique de J.-César Pellegrini ;

Air de : *Hier, aujourd'hui, demain.*

—

Français ! Sous son étendard tutélaire
La République appelle ses Enfants.
Soyons unis ! et, d'un accord sincère,
Suivons ses progrès triomphants.

Après avoir vu la mort face à face ;
Après avoir subi tous les revers,
Te voilà libre et souriante, grâce
A Mac-Mahon, au patriote Thiers.
O jeune France, à ta gloire passée
Jette aujourd'hui des regards envieux ;
Reprends la route à ton honneur tracée,
Et sur tes pas naîtront des jours heureux.

Déjà tes fils redevenus plus sages,
Instruits enfin par un malheur cruel,
Pour dissiper le reste des orages,
Se sont donné le baiser fraternel.
A l'unisson ils marchent sur la route
Des justes droits et de la liberté,
Et leur accord est le gage sans doute
D'un avenir plein de prospérité.

Dans ta justice, ô ma noble Patrie,
Tu veux voir tous tes fils sous les drapeaux,
Car chacun doit te consacrer sa vie,
Et riche et pauvre à tes yeux sont égaux.
Nous apprendrons à chérir ta mémoire ;
A ton amour appartiendront nos cœurs,
Et, pour garder ton honneur et ta gloire
Tu trouveras de vaillants défenseurs.

A ton oreille une voix qui console
Te dit bien haut : « Travaiile sans souci. »
De ce héros compte sur la parole ;
Son noble cœur est tout à ta merci.
Chez l'étranger ne crois point à l'offense ;
D'un lâche enfant ne crains plus les complots,
Car son courage est prêt à ta défense,
Un seul instant s'ils troublaient ton repos.

Français ! Sous son étendard tutélaire
La République appelle ses Enfants.
Soyons unis ! Et d'un accord sincère
Suivons ses progrès triomphants.

ACTE DE RAISON

Musique de J.-César Pellegrini;

Air de : *Avance ô Noble France.*

—

Vive à jamais la République !
Seule, elle conduit aux beaux jours.
Plus de puissance tyrannique !
Restons libres toujours !

Enfin, chacun de nous, sans crainte,
Peut dire son opinion.
La République est sans contrainte
Et domine les passions.
La France a brisé les entraves
Qui lui défendaient de penser;
Les Français ne sont plus esclaves,
Et savent sur quel pied danser.

Chacun, sans doute, en politique,
A droit de conserver sa foi.
Pour moi, j'aime la République,
Vous le César et lui le Roi...
Mais, qui parle donc d'héritage,
Le droit n'est pas dans un vain nom.
La République est au plus sage ;
La preuve un Thiers, un Mac-Mahon !

Et puis, c'est une chose claire,
Qui vraiment aime son pays
Ne cherche pas une autre terre ,
Il vit au milieu des amis.
Qui veut le bien n'a rien à craindre
De ceux qui sont autour de lui.
Seul, le dupeur doit se contraindre
A vivre au loin, et dans l'ennui.

Amis, rendons un juste hommage
A Mac-Mahon le soldat preux.
Son cœur égale son courage ;
Seul il peut combler tous nos vœux.
Unissons-nous donc sans rancune,
Notre noble chef en avant,
Et, tous, à la tâche commune,
Travaillons, artisan, savant-

Vive à jamais la République !
Seule elle conduit aux beaux jours.
Plus de puissance tyrannique!
Restons libres toujours !

J'Y SUIS ENCOR !

Musique de J.-César Pellegrini ;

Air de : *Avance ô Noble France.*

—

Alors, Belfort l'opiniâtre
Sur ses remparts a vu Denfert
Contre tout un monde se battre,
    Comme un démon d'enfer !

Le héros de la résistance,
Plus heureux que le grand Roland,
Plein de valeur et de constance,
Seul contre un peuple se défend.
Lorsque l'ennemi sur la France,
Etend son dégoûtant linceuil,
Et que nos remparts sans défense,
Partout ont revêtu le deuil.

Alors, Belfort l'opiniâtre, etc.

Tout cède devant sa puissance,
Et, seul, debout reste Belfort,
En vain, contre sa persistance,
L'Allemand redoutable d'effort ;
Denfert veut défier l'orage,
Malgré le nombre et la fureur,
Malgré la foudre et le carnage.
Il raille le triomphateur.

Alors, Belfort l'opiniâtre, etc.

Huit mois, notre ennemi rapace
Lance sur lui son aigle noir,
Le brave le bat et le lasse,
Et le réduit au désespoir.
Pour l'honneur transporté d'envie,
Il a promis à ses guerriers
De vaincre ou d'y laisser sa vie,
Couverts de gloire et de lauriers.

Alors, Belfort l'opiniâtre, etc.

Et l'Allemand qui le redoute
Va s'en éloigner à jamais,
Et la France qui presque en doute,
Mourante, admire ces hauts faits.
Enfin, laissant notre Patrie,
Ils s'en vont courbés sous notre or ;
Denfert au passage leur crie :
« Prenez garde ! J'y suis encor ! »

Alors, Belfort l'opiniâtre
Sur ses remparts a vu Denfert,
Contre tout un monde se battre,
Comme un démon d'enfer !

LE CHANT DES TRAVAILLEURS

Musique de J.-César Pellegrini ;

Air de : *Le Chant de l'Avenir.*

—

Tout doit travailler en ce monde :
Telle est la loi du créateur
Qui, dans sa sagesse profonde,
Y condamna l'homme pécheur.
Depuis ce jour tout nous invite
Au repos ou l'activité,
Et le travail seul nous évite
Les dangers de l'oisiveté.

A l'œuvre, à l'œuvre Enfants de France !
Vers l'avenir marchez remplis d'ardeur !
Au travail sourit l'espérance,
L'ordre, la paix et le bonheur.

LE CHŒUR REPREND :

A l'œuvre, à l'œuvre, etc.

L'activité, dans la nature,
C'est, du géant jusqu'au ciron,
Le devoir de la créature,
Sa vie et sa condition.
Chacun a sa tâche sur terre ;
Qui sait la remplir est heureux,
Car c'est la plus sûre prière
Que l'on puisse adresser aux cieux.

C'est le travail qui nous enflamme
Des purs élans de charité :
Il ennoblit et grandit l'âme,
Et par lui fleurit la santé.
Le ciel livre, dans sa colère,
L'oisif au plus malheureux sort,
Car, sans le travail nécessaire
C'est la souffrance avec la mort !

Par le travail, durant la vie,
Chacun fait le bonheur des siens,
Et c'est par lui qu'à sa Patrie
Il procure les plus grands biens.
Le travail aux cœurs magnanimes
Rend des honneurs justement dûs ;
Il conduit aux actes sublimes,
Et c'est le père des vertus.

Les plaisirs nés de la paresse
Se dissipent dans peu d'instants,
Mais le travail donne une ivresse,
Dont les effets durent longtemps.
C'est lui qui laisse à la mémoire
Ces souvenirs pleins de gaîté ;
Et, par le chemin de la gloire,
Il mène à l'immortalité !

L'oisiveté, c'est l'impuissance ;
Cest la fin des plus grands trésors,
Le cahos de l'intelligence
Et la destruction du corps !
Elle nourrit sous sa mantille
Les plus terribles passions ;
C'est la perte de la famille,
L'écroulement des nations !

L'oisiveté, mère des vices,
Est à craindre pour ses appas,
Et, par ses puissants artifices,
Peut empoisonner tous nos pas.
Malheur à qui jamais se fie
A ses conseils pernicieux !
Plaignons l'homme sans énergie
Que le travail rendrait heureux !

FIN

INDEX

Sociéte Typographique, Imprimerie A. Gilletta,
Rue de la Préfecture, 9, et rue des Ponchettes, 17 et 15.

www.ingramcontent.com/pod-product-compliance
Lightning Source LLC
Chambersburg PA
CBHW061407060726
47597CB00003B/993